BEI GRIN MACHT SICH IHR WISSEN BEZAHLT

AF167106

- Wir veröffentlichen Ihre Hausarbeit,
  Bachelor- und Masterarbeit

- Ihr eigenes eBook und Buch -
  weltweit in allen wichtigen Shops

- Verdienen Sie an jedem Verkauf

Jetzt bei www.GRIN.com hochladen
und kostenlos publizieren

Bibliografische Information der Deutschen Nationalbibliothek:

Die Deutsche Bibliothek verzeichnet diese Publikation in der Deutschen National-
bibliografie; detaillierte bibliografische Daten sind im Internet über http://dnb.d-
nb.de/ abrufbar.

Impressum:

Copyright © 2019 GRIN Verlag
Druck und Bindung: Books on Demand GmbH, Norderstedt Germany
ISBN: 9783346082046

Dieses Buch bei GRIN:

https://www.grin.com/document/510924

Shao Mey Tran

SEO-Analyse und Maßnahmenplan für ein Start-Up-Unternehmen

GRIN Verlag

GRIN - Your knowledge has value

Der GRIN Verlag publiziert seit 1998 wissenschaftliche Arbeiten von Studenten, Hochschullehrern und anderen Akademikern als eBook und gedrucktes Buch. Die Verlagswebsite www.grin.com ist die ideale Plattform zur Veröffentlichung von Hausarbeiten, Abschlussarbeiten, wissenschaftlichen Aufsätzen, Dissertationen und Fachbüchern.

Besuchen Sie uns im Internet:

http://www.grin.com/

http://www.facebook.com/grincom

http://www.twitter.com/grin_com

FOM Hochschule für Oekonomie & Management in Essen

Hochschulzentrum Stuttgart

2. Semester

Wissenschaftliche Arbeit

im Studiengang Digitale Medien und Marketing

zur Erlangung des akademischen Grades eines

Bachelor of Arts (B.A.)

über das Thema

Online-Marketing-Methode:

SEO-Analyse und -Maßnahmenplan am Beispiel eines Start-Up-Unternehmens

---

Verfasserin: Shao Mey Tran

Eingereicht am: 28. Februar 2019

II

Inhaltsverzeichnis

Abbildungsverzeichnis

Tabellenverzeichnis

Abkürzungsverzeichnis

CSS	Cascading Style Sheets
HTML	Hyper Text Markup Language
KPI	Key Performance Indicators (Leistungskennzahlen)
PC	Personal Computer
SEA	Search Engine Advertising (Suchmaschinenwerbung)
SEM	Search Engine Marketing (Suchmaschinenmarketing)
SEO	Search Engine Optimization (Suchmaschinenoptimierung)
SERP	Search Engine Result Page (Suchmaschinenergebnisseite)
UX	User Experience (Nutzererfahrung, Nutzererlebnis)

1 Einleitung

„Mehr als 80% der Internetnutzer beginnen ihre „Internetsitzung" mit dem Aufrufen einer Suchmaschine."[1] Diese Gewohnheit der Gesellschaft zwingt Website-Inhaber dazu, im Internet präsent zu sein. Die Sichtbarkeit im Internet, besonders in Suchmaschinen, ist unter anderem eine wichtige Voraussetzung, um Neukunden zu gewinnen, wiederkehrende Besucher zu erhalten und Verkäufe zu generieren. Diese Art von Präsentation beschreibt die Online-Marketing-Methode Suchmaschinenoptimierung (SEO, engl.: Search Engine Optimization).[2]

Zunächst werden Offline- und Online-Marketing-Methoden in ihrer Gemeinsamkeit und Unterschiede erörtert. Danach wird die Suchmaschinenoptimierung anhand ihrer Definition, Vor- und Nachteile sowie der Zusammenhang zwischen Suchmaschinenmarketing, Suchmaschinenwerbung und Suchmaschinenoptimierung, untersucht. Die Grundlage einer Suchmaschinenoptimierung besteht aus Keywords, die ebenfalls aufgezeigt werden. Mit der Suchmaschinenoptimierung einer Website werden Ziele verfolgt, die in einer Tabelle charakterisiert werden. Agenturen, die sich auf Suchmaschinenoptimierung spezialisieren, bieten Tools für Unternehmen an. Die deutschen SEO-Agenturen Sistrix und Ryte werden hierfür präsentiert. Anschließend wird die Website des Start-Up-Unternehmens X anhand dieser SEO-Tools und weiterer analysiert. Es werden Analyse-Tabellen mit den wichtigsten Kennzahlen (KPIs, engl.: Key Performance Indicator) erstellt, woraus ein Maßnahmenplan mit Handlungsempfehlungen aufgesetzt wird, um diese Website optimal zu verbessern.

Folgende Forschungsfragen werden in dieser Arbeit behandelt:

- Was ist die Suchmaschinenoptimierung (SEO)?
- Wie funktionieren SEO-Tools?
- Wie gelingt eine erfolgreiche Umsetzung der Analyse und eines Maßnahmenplans für ein Start-Up-Unternehmen?
- Wie sieht die Zukunft für die Suchmaschine aus?

---

[1] *Justiz, R.*, Einführung in die effektive und strategische Suchmaschinenoptimierung, 2011, S.12.
[2] Vgl. *https://onlinemarketing.de/lexikon/definition-suchmaschinenoptimierung-seo*, Zugriff am 28.02.2019.

2 Online-Marketing und SEO

2.1 Bedeutung

Wie bringt man als Unternehmen am besten seine Produkte beziehungsweise seine Dienstleistungen an die Zielgruppe? Durch Werbung. Bereits im alten Ägypten (ca. 3000 v.Chr.) wurden beschriftende Papyrus verteilt, um direkte Werbung zu betreiben.[3]

Mit der Zeit entstand die klassische Werbung: das Offline-Marketing in Form von Printwerbungen, Broschüren, Plakatwände, Magazine oder Radio. Marketing ist eine zielgerichtete Werbung der Produkte beziehungsweise Dienstleistungen eines Unternehmens und orientiert sich an der Zielgruppe.[4] Unternehmen wollen damit ihre Sichtbarkeit und die Zielgruppe erweitern, Neukunden gewinnen und langfristig binden, Verkäufe steigern sowie ein gutes Image aufbauen und aufrechterhalten.[5]

Im nächsten Kapitel wird das Online-Marketing erklärt und im darauffolgendem die Online-Marketing-Methode Suchmaschinenoptimierung veranschaulicht.

2.2 Begriffsdefinition Online-Marketing

Mit dem zunehmenden Fortschritt der Digitalisierung entwickelte sich das Online-Marketing. Im vorherigen Kapitel wurde bereits Marketing definiert. Im Gegensatz zum Offline-Marketing findet Online-Marketing im Internet statt. Die Entwicklung des Online-Marketings ist „schnell und dynamisch".[6] Immer mehr Menschen sind mit dem Smartphone, Tablet oder PC unterwegs. Die 25 bis 34-Jährigen benutzen immer häufiger das Smartphone, wobei die 55 bis 69-Jährigen gerne auf den Laptop/PC zurückgreifen. Daher spielt das Online-Marketing in den meisten Unternehmen eine immer größere Rolle.[7] Die Schwierigkeit beim Offline- sowie Online-Marketing besteht darin, eine auf die Zielgruppe ausgerichtete, zum richtigen Zeitpunkt erstellte Marketing-Strategie zu entwickeln, um entsprechende Produkte verkaufsfördernd zu vermarkten.[8]

---

[3] Vgl. *Holland, H.*, Dialog-Marketing, Offline- und Online-Marketing, Mobile- und Social Media-Marketing, 2016, S. 1.
[4] Vgl. *https://www.gruenderszene.de/lexikon/begriffe/marketing*, Zugriff am 23.02.2019.
[5] Vgl. *https://www.rechnungswesen-verstehen.de/bwl-vwl/marketing/marketingziele.php*, Zugriff am 27.02.2019.
[6] *Sheehan, B.*, Online-Marketing, 2011, S. 5.
[7] Vgl. *https://www.bvdw.org/fileadmin/user_upload/BVDW_Marktforschung_Digitale_Nutzung_in_Deutschland_2018.pdf*, Zugriff am 19.02.2019.
[8] Vgl. *Pelzer, G., Düssel, M.*, Online-Marketing mit Google. Mit SEO und SEA werden Sie gefunden, 2013, S. 20.

Das Online-Marketing kann auf Plattformen wie Facebook, Instagram, oder Youtube betrieben werden. Hierfür werden Banner, Anzeigen oder Produktplatzierungen genutzt.[9] Über E-Mail-Marketing können neue und bestehende Kunden per E-Mail über Produkte oder Rabatt-Aktionen informiert und zu einem Kauf angeregt werden.[10] Unter den erwähnten Methoden, gewinnt die Suchmaschinenoptimierung immer mehr an Bedeutung.[11]

Diese wird im nächsten Kapitel definiert und in Bezug auf deren Ziele und Benutzung von zwei SEO-Tools genauer geschildert.

2.3   Suchmaschinenoptimierung

Die Anzahl der aktuell erstellten Websites liegt bei 1.755.851.380. Diese Zahl steigt stetig. Dennoch sind 75% dieser Websites inaktiv.[12] Eine inaktive Website entsteht durch das Reservieren von Domains (Name einer Website[13]), sobald diese nicht mehr aktiv vom Website-Inhaber betrieben werden. Ein Beispiel für eine inaktive Website ist die www.schuelervz.net. Sie wurde am 2007 erstellt und 2013 geschlossen. Diese Domain ist trotzdem reserviert, daher ist die Website immer noch aufrufbar.[14]

Recherchiert der Nutzer online nach etwas Bestimmtem, wäre es unzumutbar, ihm alle Websites ungefiltert vorzuschlagen. Der Nutzer wäre überfordert und verloren. Man vergleiche eine Bibliothek, in der die Bücher wild und unsortiert herumliegen. Um dieses Chaos zu beseitigen, ist ein Sortieren nötig.

Diesen Vorgang übernimmt die Suchmaschine in Bezug auf die Websites. Dabei werden diese mit den jeweiligen, vorhandenen Keywords, mit den Suchbegriffen des Nutzers in Zusammenhang gebracht. Das langwierige Recherchieren wird dadurch erleichtert. Mithilfe von „Crawlern" (Anwenderprogramme für Suchmaschinen), werden

---

[9] Vgl. *Klemm, R.*, Soziale Medien im Rahmen des Online-Marketings: Ziele, Einflussmöglichkeiten, Problembereiche und korrespondierende Lösungsansätze aus Sicht eines Konsumgüterherstellers, 2013, S. 40.

[10] Vgl. *Kulka, R.*, E-Mail-Marketing: Das umfassende Praxis-Handbuch, 2013, S. 19.

[11] Vgl. *Justitz, R.*, Einführung in die effektive und strategische Suchmaschinenoptimierung, 2011, S. 13.

[12] Vgl. *http://www.internetlivestats.com/total-number-of-websites/*, Zugriff am 14.02.2019.

[13] Vgl. *Pelzer, G., Düssel, M.*, Online-Marketing mit Google. Mit SEO und SEA werden Sie gefunden, 2013, S. 107.

[14] Vgl. *Pelzer, G., Düssel, M.*, Online-Marketing mit Google. Mit SEO und SEA werden Sie gefunden, 2013, S. 107.

gesammelte Informationen aus bestehenden Websites an Suchmaschinen weitergegeben, die strukturiert sortiert werden.[15]

Google hat als Suchmaschine den größten Marktanteil weltweit (92,1%), neben bing (2,8%), Yahoo (1,7%), baidu (1,6%), Yandex (0,4%) und andere (1,4%). Aus diesem Grund wird sich diese Arbeit an der Suchmaschine Google orientieren.[16]

Wie funktioniert die Suchmaschine? Der Nutzer gibt einen Suchbegriff in Google ein. Die Suchmaschine zeigt die Websites an, die am ehesten zum Suchbegriff passen. Auf der ersten Seite werden zehn Resultate präsentiert. Circa 71,33% der Nutzer entscheiden sich für die Ergebnisse auf der ersten Seite. Nur 14% schauen sich die Ergebnisse der zweiten und dritten Seite an. Daher ist eine Suchmaschinenoptimierung einer Website wichtig, um auf der ersten Suchmaschinenergebnisseite (Search Engine Result Pages, engl.: SERPs) aufzutauchen.[17]

Die Suchmaschinenoptimierung optimiert eine Website hinsichtlich seiner Listung in der Suchmaschinenergebnisseite, bei einem eingegebenen Suchbegriff eines Konsumenten.[18] Sie ist eine günstigere Methode und meistens „der wichtigste Kanal zur Neukundengewinnung"[19] Jedoch ist die Suchmaschinenoptimierung ein langwieriger Prozess und nicht mit einem Klick getan. Sie ist nur „erfolgreich, wenn es kontinuierlich betrieben wird."[20]

Es gibt zwei Arten von Suchmaschinenergebnissen: die natürliche und bezahlte. Die bezahlten Anzeigen, die in Google geschaltet werden, nennt man AdWords.[21] Die unbezahlten Anzeigen sind natürliche, organische Ergebnisse.[22]

Die Suchmaschinenoptimierung einer Website kann in zwei Bereiche unterteilt werden: die On-Page- und Off-Page-Optimierung. On-Page funktioniert nur mit Off-Page und andersrum. Alles, was der Website-Inhaber auf seiner eigenen Seite verändern kann, fällt

---

[15] Vgl. *Justitz, R.*, Einführung in die effektive und strategische Suchmaschinenoptimierung, 2011, S. 14.
[16] Vgl. *https://www.luna-park.de/blog/9907-suchmaschinen-marktanteile-weltweit-2014/*, Zugriff am 16.02.2019.
[17] Vgl. *https://www.advancedwebranking.com/ctrstudy/*, Zugriff am 27.02.2019.
[18] Vgl. *Z'graggen, B.*, Suchmaschinenoptimierung, 2015, S.13.
[19] Vgl. *https://www.121watt.de/seo/was-ist-seo/*, Zugriff am 09.02.2019.
[20] Vgl. *https://www.sistrix.de/die-8-haeufigsten-seo-anfaengerfehler/*, Zugriff am 18.02.2019.
[21] Vgl. *Pelzer, G., Düssel, M.*, Online-Marketing mit Google. Mit SEO und SEA werden Sie gefunden, 2013, S. 88.
[22] Vgl. *Pelzer, G., Düssel, M.*, Online-Marketing mit Google. Mit SEO und SEA werden Sie gefunden, 2013, S. 88 f.

unter den Bereich On-Page. Das betrifft beispielsweise Bilder und Inhalt einer Website, oder die Keyword(Schlüsselbegriffe[23])-Platzierung.[24] Die Off-Page-Optimierung besteht aus Backlinks (Verlinkungen anderer Website auf die eigene[25]), die auch auf soziale Medien wie Facebook, Twitter, Instagram stattfinden können. Die Backlinks werden von der Suchmaschine als eine Art Empfehlung abgespeichert, welche wertvoll für die Listung in den SERPs sind. Die Off-Page-Optimierung macht „65% bis 70%" bei der SEO aus, wobei die On-Page-Optimierung nur „mit (..) 30% bis 35% (...) beteiligt" ist.[26]

2.4 Vorteile und Nachteile der SEO

Es wurde bereits im vorherigen Kapitel erwähnt, dass die Suchmaschinenoptimierung eine günstigere Online-Marketing-Methode ist. Für einen Klick auf ein natürliches Suchergebnis sowie die Listung in den Suchmaschinenergebnisseiten und die Indexierung in Google, kommen keine Gebühren auf das Unternehmen zu. Durch die natürlichen Suchergebnisse wirken die Websites vertrauenswürdiger und werden bewusst vom Konsumenten angeklickt. Dadurch steigt ebenso die langfristige Listung in Google.[27] Die Suchmaschinenoptimierung hat neben seinen Vorteilen auch Nachteile. Ein Unternehmen kann sich mithilfe einer SEO-Agentur diese Arbeit erleichtern. Diese SEO-Projekte sind kosten- sowie zeitaufwendig.[28] Pauschal ist die Suchmaschinenoptimierung ein langfristiger Prozess, den man regelmäßig durchführen muss.[29] Die größte Herausforderung bei der Suchmaschinenoptimierung einer Website besteht in der Konkurrenz auf dem Markt. Der Rivale kann eine ältere Website mit einer höheren Anzahl von Backlinks besitzen und gleichzeitig die gleichen Keywords verwenden. Somit wird er höher eingestuft, auch wenn er keine regelmäßige Optimierung auf seiner Website durchgeführt hat.[30]

---

[23] Vgl. *Pelzer, G., Düssel, M.*, Online-Marketing mit Google. Mit SEO und SEA werden Sie gefunden, 2013, S. 85.
[24] Vgl. *Erlhofer, S.*, Suchmaschinenoptimierung. Das umfassende Handbuch, 2019, S. 32.
[25] Vgl. *https://www.onlinemarketing-praxis.de/glossar/off-page-optimierung*, Zugriff am 12.02.2019.
[26] *Pelzer, G., Düssel, M.*, Online-Marketing mit Google. Mit SEO und SEA werden Sie gefunden, 2013, S. 126.
[27] Vgl. *Pelzer, G., Düssel, M.*, Online-Marketing mit Google. Mit SEO und SEA werden Sie gefunden, 2013, S. 216.
[28] Vgl. *Czysch, S., Illner, B., Wojcik, D.*, Technisches SEO. Mit nachhaltiger Suchmaschinenoptimierung zum Erfolg, 2015, S. 223.
[29] Vgl. *Pelzer, G., Düssel, M.*, Online-Marketing mit Google. Mit SEO und SEA werden Sie gefunden, 2013, S. 210.
[30] Vgl. *Pelzer, G., Düssel, M.*, Online-Marketing mit Google. Mit SEO und SEA werden Sie gefunden, 2013, S. 211.

2.5 Zusammenhang zwischen SEM, SEA und SEO

Das Suchmaschinenmarketing (SEM, engl.: Search Engine Marketing) unterteilt man in zwei Bereiche: Suchmaschinenoptimierung und Suchmaschinenwerbung (SEA, engl.: Search Engine Advertising). Die Suchmaschinenwerbung sind die bezahlten Suchmaschinenergebnisse. Diese werden mit „Anzeige" gekennzeichnet.

Abbildung 1: Suchmaschinenwerbung und Suchmaschinenoptimierung in Google am Beispiel des Suchbegriffes „SEO Bücher"

Quelle: *Google*, Suchmaschine Beispiel: SEO Bücher, 2019

In dieser Abbildung hat der Konsument den Suchbegriff „SEO Bücher" in der Suchmaschine Google eingegeben. Die ersten auffälligen Ergebnisse sind die Shopping-Ergebnisse. Hier werden Produkte vorgestellt, die man online käuflich erwerben kann.

Die ersten zwei Suchmaschinenergebnisse sind bezahlte Text-Anzeigen. Herr K. und die Online-Plattform Amazon haben Google dafür bezahlt, bei den Suchbegriffen „SEO", „Bücher" und „SEO Bücher" weit oben gerankt zu werden. Bezahlte Anzeigen deuten dennoch nicht auf ein besseres Marketing hin. Nutzer deuten diese Ergebnisse als weniger vertrauenswürdig, da sie „die Qualität der Ergebnisse (...) niedriger" einschätzen. Natürliche Ergebnisse sind vertrauenswürdiger, da sie ungezwungen auftauchen. Durch passende Keywords können Unternehmen als erstes natürliches Ergebnis auftauchen.[31] Diese werden im nächsten Kapitel verdeutlicht.

2.6 Keywords

In diesem Kapitel werden die Eigenschaften der Keywords konkretisiert. Diese sind eine wichtige Grundlage für die Suchmaschinenoptimierung.[32] Ein Keyword stellt die Verbindung zwischen dem Inhalt auf der eigenen Website mit dem Suchbegriff, den der Konsument eingibt, her.[33] Beim Bearbeiten der Keyword-Liste, ist es wichtig, aus der Perspektive der eigenen Zielgruppe zu denken. Der Mitarbeiter, der tagtäglich im Unternehmen arbeitet, kennt sich mit seinem eigenen Produkt aus. Dieser wird andere Suchbegriffe eingeben, als der Konsument, der noch nie etwas mit dem Produkt oder mit der Lösung zu tun hatte. Der Neukunde hat eine andere Denkweise.[34] Im Gegensatz zum Neukunden sucht der Mitarbeiter die Lösung für ein Problem, anstatt das Problem zu suchen. Die besten Keywords-Finder sind demnach Vertriebler, die Kontakt zu bestehenden Kunden und Neukunden haben und mit ihnen kommunizieren. Sie wissen, welche Probleme oder Anliegen der Kunde hat. Somit kennt er die passenden Keywords. Welche genauen Ziele die Suchmaschinenoptimierung verfolgt, wird im nächsten Kapitel genauer dargelegt.

---

[31] *Pelzer, G., Düssel, M.*, Online-Marketing mit Google. Mit SEO und SEA werden Sie gefunden, 2013, S. 215.
[32] Vgl. *Pelzer, G., Düssel, M.*, Online-Marketing mit Google. Mit SEO und SEA werden Sie gefunden, 2013, S. 91.
[33] Vgl. *Pelzer, G., Düssel, M.*, Online-Marketing mit Google. Mit SEO und SEA werden Sie gefunden, 2013, S. 85.
[34] Vgl. *Fischer, M.*, Website Boosting 2.0 Suchmaschinen-Optimierung, Usability, Online-Marketing, 2009, S. 199.

8

2.7 Ziele: Die 6 Rs der SEO

Bei einer Suchmaschinenoptimierung ist nicht der Weg das Ziel, sondern die Suchmaschinenergebnisse. Folgende Tabelle wird die Ziele verdeutlichen:

Tabelle 1: 6 Rs der Suchmaschinenoptimierung

	Ziel
Relevance	Passende Keywords für Website
Reach	Sichtbarkeit der eigenen Website in den Suchergebnissen
Rankings	Eigene Listung in den Suchergebnissen
Response	Die Anzahl der Klicks in den Suchergebnissen
Reaction	Das Verhalten der Nutzer auf der Website
Results	Nachhaltige Resultate einer Suchmaschinenoptimierung

Quelle: In Anlehnung an *https://www.121watt.de/seo/was-ist-seo/*, 2019

Die 6 Rs bilden einen „strategische[n] Ansatz zur Suchmaschinenoptimierung".[35] Die Basis einer Suchmaschinenoptimierung liegt in den eingesetzten Keywords der Website. Ein wichtiges Ziel ist die Sichtbarkeit sowie die Positionierung in den SERPs. Je höher die Anzahl der Klicks auf das Suchergebnis, desto langfristiger ist die Positionierung in den SERPs. Auch das Verhalten des Nutzers auf der Website spielt eine Rolle. Ist die Absprungsrate hoch, so wird die Website niedriger eingestuft. Das Ziel ist hierbei, die Absprungsrate so gering wie möglich zu halten. Eine kontinuierliche Suchmaschinenoptimierung wird nachhaltige Resultate liefern. Die Resultate sind eine hohe Besucheranzahl sowie Verkäufe zu generieren, und die Sichtbarkeit zu erweitern.[36]

Die Suchmaschinenoptimierung der eigenen Website kann auch mit SEO-Tools verbessert werden. Allerdings sind diese Tools mit Kosten verbunden.[37] Im nächsten Kapitel werden zwei Tools referiert: Sistrix und Ryte.

---

35 Vgl. *https://www.121watt.de/seo/was-ist-seo/*, Zugriff am 25.02.2019.
36 Vgl. *https://www.121watt.de/seo/was-ist-seo/*, Zugriff am 25.02.2019.
37 Vgl. *Czysch, S., Illner, B., Wojcik, D.*, Technisches SEO. Mit nachhaltiger Suchmaschinenoptimierung zum Erfolg, 2015, S. 223.

3 SEO-Tools

SEO-Tools unterstützten Unternehmen, die Website zu optimieren.[38] In den nächsten zwei Kapiteln werden zwei kostenpflichtige SEO-Tools nahegebracht. Beide werden für die Analyse in Kapitel vier angewendet.

3.1 Sistrix

Sistrix unterstützt Websites durch ihre Sistrix Toolbox. Die Toolbox enthält sechs Werkzeuge: SEO, Optimizer, Links, Ads, Social und Marketplace. Die nächste Abbildung zeigt das Dashboard eines angemeldeten Unternehmens.

Abbildung 2: Sistrix Toolbox, Beispiel: X

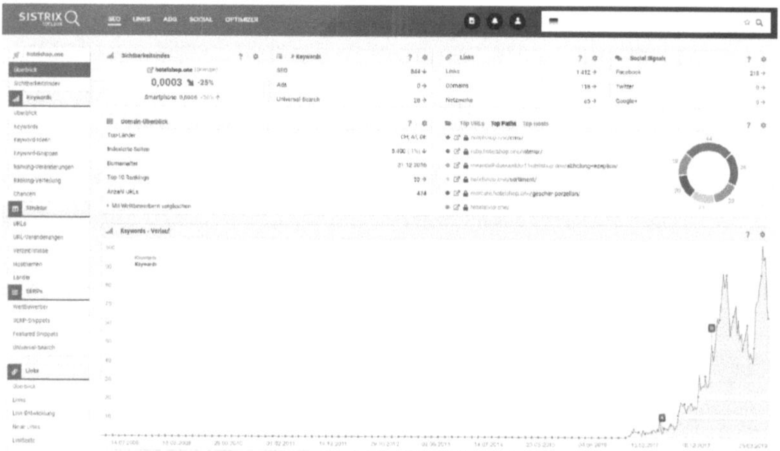

Quelle: *Sistrix*, SEO-Tool, 2019

Durch eine konstante Wettbewerbsanalyse des Marktes wird eine Übersicht für das Unternehmen erstellt, um die eigene Sichtbarkeit darzustellen. Das Optimizer-Modul liefert dem Unternehmen eine On-Page-Analyse mit demografischen Merkmalen wie Land, Stadt, Zielgruppe, Sprache. Dabei teilt Sistrix dem Unternehmen Tipps mit, wodurch er seine Website optimieren kann, um das Nutzer-Erlebnis (UX, engl.: User

---

[38] Vgl. *Czysch, S., Illner, B., Wojcik, D.*, Technisches SEO. Mit nachhaltiger Suchmaschinenoptimierung zum Erfolg, 2015, S. 223.

Experience) zu verbessern. Die Links auf der eigenen Website werden mit dem Link-Modul überprüft.[39]

3.2 Ryte

Ryte hieß früher Onpage.org. Wie der Name schon sagt, wurde der Fokus auf die On-Page-Optimierung gesetzt. On-Page-Optimierung wurde bereits im Kapitel 2.2 verdeutlicht. Ryte enthält drei Module: Website Success, Content Success und Search Success. Die nächste Abbildung zeigt das Dashboard von Ryte als angemeldetes Unternehmen.

Abbildung 3: Dashboard von Ryte, Beispiel: X

Quelle: *Ryte*, SEO-Tool, 2019

Zunächst erhält das Unternehmen eine Übersicht. Viele Bereiche sind noch nicht freigeschaltet. Für das Unternehmen X wurde ein Test-Account erstellt, um das Tool zu demonstrieren. Wenn das Unternehmen seinen Account upgradet, hat dieses Zugriff auf viele weitere Bereiche, wie eine Liste der besten und schlechtesten Keywords sowie empfohlene Keywords von Ryte, die Aktionen vom aktuellen Markt und der bestehenden Konkurrenz. Das Modul Website Success hilft dem Unternehmen unentdeckte sowie versteckte Fehler auf der eigenen Website zu identifizieren.[40] Content Success ist für die Unterstützung des Inhalts auf der Website zuständig.[41] Und zuletzt hilft Search Success bei der Verbesserung der eigenen Listung in der Suchmaschine Google.[42]

---

[39] Vgl. *https://www.sistrix.de/*, Zugriff am 27.02.2019
[40] Vgl. *https://de.ryte.com/*, Zugriff am 17.02.2019.
[41] Vgl. *https://de.ryte.com/*, Zugriff am 17.02.2019.
[42] Vgl. *https://de.ryte.com/*, Zugriff am 17.02.2019.

4   SEO-Analyse und -Maßnahmenplan am Beispiel des Start-Up-Unternehmens X

Die Suchmaschinenoptimierung wird in dieser Arbeit an einer Website angewendet. Es handelt sich um das Start-Up-Unternehmen X. Zuerst wird der Begriff „Start-Up" definiert und anschließend als Unternehmen kurz vorgestellt. Ein Start-Up-Unternehmen „beschreibt ein kürzlich gegründetes Unternehmen mit einer innovativen Geschäftsidee und hohem Wachstumspotential."[43] X setzt für jedes Hotel einen eigenen Hotelshop auf. Ein Hotelshop gleicht einem Online Shop. Das Sortiment des Hotelshops besteht aus Hotel-Bettwaren, dem Interieur und die hoteleigene Pflegeserie. Diese Produkte können sich die Gäste nach Hause liefern lassen.

Analysiert wird dabei die Business-to-Business-Website X und nicht die jeweiligen Online-Shops. Das Ziel der Website ist für Entscheider der Hoteliers gefunden zu werden und Kunden zu generieren. Im Rahmen dieser wissenschaftlichen Arbeit werden die wichtigsten Analyse-Ergebnisse der Website aufgeführt, welche am meisten für eine Suchmaschinenoptimierung sprechen. Aus den Analyse-Ergebnissen werden Handlungsempfehlungen herausgearbeitet und in Form eines Maßnahmenplans aggregiert. Diese verfolgen die verschiedenen Ziele aus Kapitel 2.7.

4.1   SEO-Analyse   für   die   Website   des   Start-Up-Unternehmens X

Mithilfe der aufgelisteten SEO-Tools wird die Website https://X/ überprüft:

- Sistrix (Kapitel 3.1)
- Ryte (Kapitel 3.2)
- Google Search Console (Googles eigenes SEO-Tool)[44]
- Seoquake (SEO-Tool für den eigenen Browser)[45]
- PageSpeed Insights (Ladegeschwindigkeit-Tester einer Website – Desktop)[46]
- Think with Google (Ladegeschwindigkeit-Tester einer Website – Mobile)[47]

---

[43] Vgl. *https://www.gruenderszene.de/lexikon/begriffe/startup*, Zugriff am 28.02.2019.
[44] Vgl. *https://search.google.com/search-console/welcome*, Zugriff am 28.02.2019.
[45] Vgl. *https://www.seoquake.com/index.html*, Zugriff am 28.02.2019.
[46] Vgl. *https://developers.google.com/speed/pagespeed/insights/*, Zugriff am 22.02.2019.
[47] Vgl. *https://www.thinkwithgoogle.com/intl/de-de/feature/testmysite*, Zugriff am 27.02.2019.

In den Tabellen werden die wichtigsten KPIs für das Unternehmen aufgeführt, die Ergebnisse beschrieben und anhand einer eigenen Skala bewertet. Die Skala dient zur vereinfachten Darstellung des Zustands, in welchem sich die Website befindet. Die Analyse-Tabellen teilen sich in drei Bereiche: Meta Tags, Technik und Content.

Im Quellcode jeder Website sind Meta Tags vorhanden, die Informationen der Website an Suchmaschinen weitergeben. Diese sind für den Website-Besucher nicht ersichtlich. Die drei wichtigsten Meta Tags sind der Meta Title, Meta Description und der Robots Tag. Der Meta Title ist die Überschrift einer Website. Die Meta Description beschreibt den Inhalt einer Website und gibt diese an die Suchmaschine weiter. Der Robots Tag steuert die Indexierung einer Website in einer Suchmaschine.[48]

Diese werden in der folgenden Tabelle aufgeführt.

Tabelle 2: Analyse SEO On-Page im Bereich Meta Tags

Meta Tags		
Key Performance Indicator (KPI)	Analyse-Ergebnis	Skala (1-gut, 5-schlecht)
Meta Title	Deutscher Meta Title ist optimal. Englischer Meta Title ist nicht vorhanden.	3
Meta Description	Deutsche Meta Description ist optimal. Englische Meta Description ist nicht vorhanden.	3
Robots Tag	Website wird indexiert und ist in den Suchmaschinenergebnisseiten aufgeführt.	1

Quelle: Eigene Darstellung

---

[48] Vgl. *https://www.seo-kueche.de/lexikon/meta-tags/*, Zugriff am 26.02.2019.

Die folgende Tabelle veranschaulicht die Kontrolle über die Technik der Website.

Die Ladegeschwindigkeit einer Website ist der erste Eindruck, den der Nutzer erhält. Bei einer Ladegeschwindigkeit über drei Sekunden springen bereits 32% der User ab. Bei fünf Sekunden liegt diese bei 90%.[49] Für die Gestaltung einer Website sind Cascading Style Sheets (CSS) zuständig. Hierbei können Farben, Buttons, Schriftgrößen oder Kommentarfelder erstellt, angepasst und gestaltet werden.[50] Die NoFollow-Links befehlen den Crawlern, den Link nicht weiter zu verfolgen, da diese nicht in den Suchmaschinenergebnissen erscheinen sollen.[51] Ebenfalls wichtig für die On-Page-Technik ist die Datei Robots.txt., die den Crawlern ermöglicht, Informationen auf Websites zu sammeln und diese an Suchmaschinen weiterzuleiten.[52]

Tabelle 3: Analyse SEO On-Page im Bereich Technik

Technik		
Key Performance Indicator (KPI)	Analyse-Ergebnis	Skala (1-gut, 5-schlecht)
Speed Test	Desktop-Website gut (3 Sekunden). Mobile Website schlecht (7 Sekunden).	4
CSS-Dateien	Aufwendige CSS-Styling der Website erhöht die Ladegeschwindigkeit.	5
Interne NoFollow Links	Suchmaschinen empfinden diese Links als nicht vertrauenswürdig, betrifft Blog-Beiträge.	5
Indexierbarkeit	Website taucht in den Suchmaschinenergebnissen auf.	1
Robots.txt	Website ist von Suchmaschinen gecrawlt worden.	1

Quelle: Eigene Darstellung

[49] Vgl. *https://www.thinkwithgoogle.com/marketing-resources/data-measurement/mobile-page-speed-new-industry-benchmarks/*, Zugriff am 27.02.2019.
[50] Vgl. *Meyer, E.*, CSS Das umfassende Handbuch, 2007, S. 1.
[51] Vgl. *Czysch, S., Illner, B., Wojcik, D.*, Technisches SEO. Mit nachhaltiger Suchmaschinenoptimierung zum Erfolg, 2015, S. 129.
[52] Vgl. *Czysch, S., Illner, B., Wojcik, D.*, Technisches SEO. Mit nachhaltiger Suchmaschinenoptimierung zum Erfolg, 2015, S. 86.

Die folgende Tabelle stellt das Durchforschen der Inhalte (engl.: Content) einer Website dar. Die Keywords werden in Kapitel 2.6 dargelegt. Für die Suchmaschine sind die Überschriften einer Website notwendig, um sich einen Überblick über die Seite zu beschaffen. Es gibt H1 bis H6 Überschriften, die sich in puncto Schriftgröße und Aussehen unterscheiden. Die H1 ist die wichtigste, die nur einmal pro Seite vorkommen darf, die H6 hingegen eine weniger wichtige Überschrift. Alle H1 bis H6 sollten relevante Keywords enthalten. Diese Überschriften sind ebenfalls für die Listung in den Suchmaschinenergebnissen zuständig.[53] Die KPI Duplicate Content bezeichnet den gleichen Inhalt auf mehreren Seiten. Das ist problematisch für Suchmaschinen, da sie nicht deuten können, welche Seite relevant für die Suchmaschinenergebnisliste ist.[54] Tote Links entstehen durch das Löschen einer Seite, die trotzdem an irgendeiner Stelle auf der Website eine Verlinkung enthält. Durch kaputte Weiterleitungen können Besucher verloren gehen und für Suchmaschinen ist es ein Hindernis die Website richtig zu crawlen.[55]

---

[53] Vgl. *https://www.webongo.de/ueberschriften-h1-h2-h3-headings/*, Zugriff am 27.02.2019.
[54] Vgl. *https://de.ryte.com/wiki/Duplicate_Content*, Zugriff am 27.02.2019.
[55] Vgl. *https://www.sistrix.de/frag-sistrix/onpage-optimierung/http-statuscode/404-fehlerseiten/*, Zugriff am 27.02.2019.

Tabelle 4: Analyse SEO On-Page im Bereich Content

Content		
Key Performance Indicator (KPI)	Analyse- Ergebnis	Skala (1-gut, 5-schlecht)
Keywords	Schwierig viele und passende Keywords zu finden, da neu-artiges Produkt und spezielle Zielgruppe.	4
SEO Überschriften	H1 enthält alle für das Unternehmen wichtige Keywords wie „verkaufen", „Hotelprodukte" „Gewinn", „Hotelzimmer" H2 ist zu ungenau mit „So flexibel wie Ihr Gast" H3 erwähnt die Vorteile für den Kunden H4 Online-Demo H5 erwähnt, welche Kunden bereits dabei sind H6 erwähnt wieder die Vorteile für den Kunden, Auszeichnungen, enthält wichtige Keywords wie „Hotelausstattung", „Pflegeserie"	4
Duplicate Content	Betrifft nur die Formularseiten beider Angebote (Enterprise und Pro). Diese sind für das Unternehmen nicht suchmaschinenrelevant.	2
Tote Links	Die Seite „Partner" wurde in 2018 in „Lieferanten" umgewandelt und ist immer noch indexiert. Es besteht auch keine Umleitung.	3
Content Qualität	Es gibt viele Seiten mit zu wenig Text, Google geht davon aus, dass die Seiten nicht ausführlich genug sind.	4

Quelle: Eigene Darstellung

Die folgende Tabelle befasst sich mit den Off-Page-Faktoren.

Backlinks werden in Kapitel 2.3 behandelt. Ebenso gehört Social Media Marketing zur Off-Page-Optimierung. Ein weiteres Kriterium für die Listung in den Suchmaschinenergebnissen sind Social Signals. Diese sind beispielsweise geteilte Beiträge (Shares) auf Facebook, oder Anzahl Abonnenten (Follower) bei Twitter.[56]

Tabelle 5: Analyse SEO Off-Page

Off-Page		
Key Performance Indicator (KPI)	Analyse-Ergebnis	Skala (1-gut, 5-schlecht)
Backlinks	Backlinks von seriösen Seiten wie hotelkompetenzzentrum.de, familienunternehmer-news.de, gastgewerbe-magazin.de.	1
Social Media Marketing	Shares auf Facebook. Social Signals vorhanden.	1

Quelle: Eigene Darstellung

[56] Vgl. *https://de.ryte.com/wiki/Social_Signals*, Zugriff am 27.02.2019.

4.2 SEO-Maßnahmenplan für die Website des Start-Up-Unternehmens X

In der Analyse wird deutlich, dass X in der On-Page-Optimierung noch Potenzial hat. In der Off-Page-Optimierung hingegen sind keine weiteren Maßnahmen notwendig.

Im folgenden Maßnahmenplan wird zu jeder schlechtbewerteten KPI aus Kapitel 4.1 (schlechte Bewertung sind drei bis fünf) Handlungsempfehlungen beschrieben. Welche Ziele diese Handlungsempfehlungen erreichen wollen, geht aus der letzten Spalte hervor. Die folgende Tabelle bezieht sich auf die Analyse-Tabelle 2 im Bereich Meta Tags.

Tabelle 6: Maßnahmenplan SEO On-Page im Bereich Meta Tags

Meta Tags		
Key Performance Indicator (KPI)	Handlungsempfehlungen	Ziel
Meta Title	Erstellung eines englischen Meta Title für den internationalen Markt.	Reach
Meta Description	Erstellung einer englischen Meta Description für den internationalen Markt.	Reach
Robots Tag	Keine weitere Maßnahme notwendig.	Rankings

Quelle: Eigene Darstellung

Für die On-Page-Optimierung im Bereich Technik wird anhand der Analysen-Tabelle 3 ein Maßnahmenplan erstellt.

Tabelle 7: Maßnahmenplan SEO On-Page im Bereich Technik

Technik		
Key Performance Indicator (KPI)	Handlungsempfehlungen	Ziel
Speed Test	Optimierung der mobilen Website, um die Absprungsrate niedrig zu halten. 1. Neue Formate für Bilder verwenden (JPEGs) 2. Text sichtbar lassen, nicht einfliegen oder einblenden lassen	Reaction
CSS-Dateien	Entfernung nicht mehr verwendeter CSS-Dateien, um die Ladegeschwindigkeit zu verkürzen.	Reaction
Interne NoFollow Links	Einbindung Follow-Links in Blog-Beiträge.	Reach
Indexierbarkeit	Keine weitere Maßnahme notwendig.	Rankings
Robots.txt	Keine weitere Maßnahme notwendig.	Rankings

Quelle: Eigene Darstellung

Für die On-Page-Optimierung im Bereich Content wird anhand der Analysen-Tabelle 4 ein Maßnahmenplan erstellt.

Tabelle 8: Maßnahmenplan SEO On-Page im Bereich Content

Content		
Key Performance Indicator (KPI)	Handlungsempfehlungen	Ziel
Keywords	Erstellung einer Keyword-Analyse, um Texte optimieren zu können. (Welche Begriffe verwendet der Kunde auf der Suche nach der Lösung von X?)	Relevance
SEO Überschriften	H2 optimieren. H6 kann weniger wichtige Überschriften enthalten.	Rankings
Duplicate Content	Keine weitere Maßnahme notwendig.	Reach
Tote Links	Entfernung toter Links.	Reach
Content Qualität	Steigerung der textlichen Inhalte auf den Seiten. Ausbau des Blogs, um für mehr thematische Inhalte bei Suchmaschinen gelistet zu werden.	Rankings

Quelle: Eigene Darstellung

Für die Off-Page-Optimierung wird anhand der Analysen-Tabelle 5 keine weitere Maßnahme benötigt. Die Off-Page-Faktoren sind für die Website optimal. Aus diesem Grund wird sich die Maßnahme auf die On-Page-Faktoren fokussieren.

Tabelle 9: Maßnahmenplan SEO Off-Page

Off-Page		
Key Performance Indicator (KPI)	Handlungsempfehlungen	Ziel
Backlinks	Keine weitere Maßnahme notwendig.	Rankings
Social Media Marketing	Keine weitere Maßnahme notwendig.	Rankings

Quelle: Eigene Darstellung

Angesichts der Analysen benötigt die Website eine On-Page-Optimierung in den Bereichen Meta Tags, Technik und Content. Die Off-Page-Faktoren sind optimal, daher werden sie nicht weiter beachtet. Die Handlungsempfehlungen werden ausgeführt und anschließend werden die Resultate dieser Suchmaschinenoptimierung beobachtet (Ziel: Results von Kapitel 2.7). Diese Arbeit wird sich nicht auf die Resultate beziehen, da die Suchmaschinenoptimierung ein langwieriger Prozess ist.[57]

---

[57] Vgl. *https://www.sistrix.de/die-8-haeufigsten-seo-anfaengerfehler/*, Zugriff am 18.02.2019.

5 Schlussteil

In dieser Arbeit wurde die Online-Marketing-Methode Suchmaschinenoptimierung herausgearbeitet und hinsichtlich seiner Schwächen und Stärken genauer betrachtet. Die Suchmaschinenoptimierung unterstützt eine Website bei der Listung in den SERPs, bei einem passenden Keyword des Nutzers.[58] Mithilfe von SEO-Agenturen können Unternehmen gegen Gebühren die Suchmaschinenoptimierung durchführen lassen.[59] Bei der Analyse wird ersichtlich, dass jede Website Stärken sowie Schwächen aufweist. Diese Schwächen müssen entdeckt und durch Maßnahmen beseitigt werden. „Für eine erfolgreiche Suchmaschinenoptimierung gibt es kein Drehbuch".[60]

Abbildung 4: Marktanteile der Suchmaschinen weltweit nach mobiler und stationärer Nutzung im Januar 2019

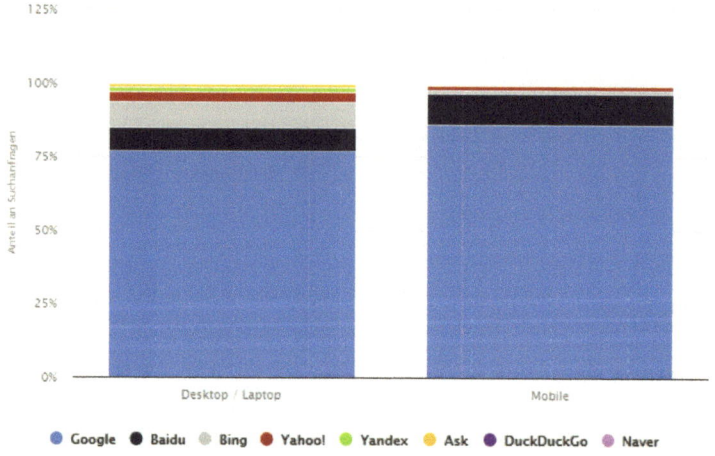

Quelle: *Statista,* Suchmaschinenmarktanteile, 2019

Google hat im Januar 2019 bei Desktop- sowie die Mobil-Nutzung die Oberhand. Über Google wurden allein im Jahr 2016 durchschnittlich 64.000 Suchanfragen pro Sekunde

---

[58] Vgl. Z'graggen, B., Suchmaschinenoptimierung, 2015, S.13.
[59] Vgl. Czysch, S., Illner, B., Wojcik, D., Technisches SEO. Mit nachhaltiger Suchmaschinenoptimierung zum Erfolg, 2015, S. 223.
[60] Vgl. *Justitz, R.*, Einführung in die effektive und strategische Suchmaschinenoptimierung, 2011, S. 26.

gestelt. [61] Die Suchanfragen werden nicht weniger. Menschen werden wissbegieriger und recherchieren häufiger online. Das Wort „googeln" hat es in den Duden geschafft und bedeutet „mit Google im Internet suchen, recherchieren".[62]

Ob Google in den nächsten Jahren noch die meist benutzte Suchmaschine bleibt, könnte eine weitere Forschungsfrage sein. Es bestehen Konkurrenten wie Ecosia oder Bridgit. Bridgit wurde von der Europäischen Kommission mit dem Next Generation Internet Award ausgezeichnet.[63] Bei Bridgit können einzelne Seiten durch „Brücken" miteinander verknüpft werden, sodass der Nutzer nicht mehr von Google zu einzelnen Seiten springt. Diese Brücken erstellen die Nutzer selbst. Diese können für sich selbst oder für die Öffentlichkeit sichtbar angelegt werden. Somit kann ein Video auf einer Seite mit einem Info-Text auf einer anderen Seite verknüpft werden, welche den gleichen Inhalt teilen. Ecosia hingegen funktioniert wie Google. Der Unterschied zwischen beiden ist, dass Ecosia den Gewinn für das Pflanzen von Bäumen verwendet.[64] Im Februar 2019 hat das Unternehmen über 50 Millionen Bäume pflanzen können und die Zahl steigt stetig. Bereits über 7 Millionen Konsumenten nutzen diese Suchmaschine aktiv. Da das Thema Nachhaltigkeit neben der Digitalisierung eine zunehmende Rolle spielen wird, stellt Ecosia höchstwahrscheinlich eine ernst zu nehmende Konkurrenz für Google dar.[65]

Nutzt man diese Möglichkeit der Suchmaschinenoptimierung als Unternehmen nicht, besteht die Gefahr, dass dieser Schritt von der Konkurrenz übernommen wird und das Angebot an potentiellen Kunden sinkt. Daher ist es wichtig, die Suchmaschinenoptimierung auf der eigenen Website ernst zu nehmen. Das Recherchieren im Internet „ist ein fester Bestandteil unserer [Online-]Kultur geworden".[66]

---

[61] Vgl. *https://onlinemarketing.de/news/google-offiziell-suchanfragen-billionen*, Zugriff am 14.02.2019.
[62] Vgl. *https://www.stern.de/digital/computer/edv-begriffe-googeln-im-neuen-duden-3076450.html*, Zugriff am 24.02.2019.
[63] Vgl. *https://awards.ngi.eu/winners-culture-awards/*, Zugriff am 27.02.2019.
[64] Vgl. *https://www.ecosia.org/*, Zugriff am 27.02.2019.
[65] Vgl. *https://info.ecosia.org/what*, Zugriff am 27.02.2019.
[66] *Enge, E., Spencer, S., Stricchiola, J., Fishkin, R.*, Die Kunst des SEO. Strategie und Praxis erfolgreicher Suchmaschinenoptimierung, 2012, S. 1.

Literaturverzeichnis

Beiträge aus Büchern

Blankson, Samuel (Meta Tags, 2007): Meta Tags: Optimising Your Website for Internet Search Engines (Google, Yahoo!, Msn, AltaVista, AOL, Alltheweb, Fast, Gigablast, Netscape, Snap, ... "Netscape", "Snap", "WISEnut" and Others), Leeds: Blankson Enterprises Ltd, 2007

Czysch, Stephan, Illner, Benedikt und Wojcik Dominik (SEO, 2015): Technisches SEO. Mit nachhaltiger Suchmaschinenoptimierung zum Erfolg. Köln: O'Reilly Verlag GmbH & Co. KG, 2015

Enge, Eric, Stephan Spencer, Jessie Stricchiola, und Rand Fishkin (SEO, 2012): Die Kunst des SEO. Strategie und Praxis erfolgreicher Suchmaschinenoptimierung. Bd. 2. Köln: O'Reilly Verlag GmbH & Co. KG, 2012

Erlhofer, Sebastian (SEO, 2018): Suchmaschinenoptimierung. Das umfassende Handbuch. 9. Bonn: Rheinwerk Computing, 2018

Fischer, Mario (SEO, 2009): Website Boosting 2.0 Suchmaschinen-Optimierung, Usability, Online-Marketing. Heidelberg: Redline GmbH, 2009

Holland, Heinrich (Marketing, 2016): Dialog-Marketing, Offline- und Online-Marketing, Mobile- und Social Media-Marketing. 4. München: Franz Vahlen München, 2016

Justitz, Robert (SEO, 2011): Einführung in die effektive und strategische Suchmaschinenoptimierung. Bd. 4. Oberhausen: Books on Demand, 2011

Klemm, Rüdiger (Online-Marketing, 2013): Soziale Medien im Rahmen des Online-Marketing: Ziele, Einflussmöglichkeiten, Problembereiche und koresspondierende Lösungsansätze aus Sicht eines Konsumgüterherstellers. Hamburg: Bachelor + Master Publishing, Imprint der Diplomica Verlag GmbH, 2013

Kulka, René (E-Mail-Marketing, 2013): E-Mail-Marketing: Das umfassende Praxis-Handbuch. Heidelberg, München, Landsberg, Frechen. Hamburg: Hüthig Jehle Rehm GmbH, 2013

Meyer, Eric A (CSS, 2007): CSS Das umfassende Handbuch. Köln: O'Reilly Verlag GmbH & Co. KG, 2007

Pelzer, Guido, Mirko, Düssel (SEO, 2013): Online-Marketing mit Google. Mit SEO und SEA werden Sie gefunden. München: Pearson Deutschland GmbH, 2013

Sheehan, Brian (Online-Marketing, 2011): Online-Marketing. München: Stiebner Verlag GmbH, 2011

Z'graggen, Beat (SEO, 2015): Suchmaschinenoptimierung. Vaduz: wifimaku, 2015

Internetquellen

Advanced Web Ranking (Suchmaschine, 2019): Google organic CTR history, < https://www.advancedwebranking.com/ctrstudy/> (2019-01) [Zugriff 2019-02-27]

An, Daniel (Ladegeschwindigkeit, 2018): Find out how you stack up to new industry benchmarks for mobile page speed, <https://www.thinkwithgoogle.com/marketing-resources/data-measurement/mobile-page-speed-new-industry-benchmarks/> (2018-02) [Zugriff 2019-02-18]

Ecosia (Suchmaschine, 2019): Ecosia, <https://www.ecosia.org/> (keine Datumsangabe) [Zugriff 2019-02-27]

— (Ecosia, 2019): Wie funktioniert Ecosia?, <https://info.ecosia.org/what> (keine Datumsangabe) [Zugriff 2019-02-27]

Google (Google, 2019): Unsere Unternehmensgeschichte: Von der Garage zum Googleplex, <https://about.google/intl/de/our-story/> (keine Datumsangabe) [Zugriff 2019-02-17]

— (SEO, 2019): Willkommen bei der Google Search Console, <https://search.google.com/search-console/welcome> (keine Datumsangabe) [Zugriff 2019-02-28]

— (Ladegeschwindigkeit, 2019): Verbessern Sie die Geschwindigkeit Ihrer Webseiten auf allen Geräten, <https://developers.google.com/speed/pagespeed/insights/> (keine Datumsangabe) [Zugriff 2019-02-22]

— (Ladegeschwindigkeit, 2019): Test my site, <https://www.thinkwithgoogle.com/intl/de-de/feature/testmysite> (keine Datumsangabe) [Zugriff 2019-02-27]

Gründerszene (Marketing, 2019): Marketing, <https://www.gruenderszene.de/lexikon/begriffe/marketing> (keine Datumsangabe) [Zugriff 2019-02-23]

— (Start-Up, 2019): Startup, <https://www.gruenderszene.de/lexikon/begriffe/startup> (keine Datumsangabe) [Zugriff 2019-02-28]

Holl, Alexander (SEO, 2019): Was ist SEO?, <https://www.121watt.de/seo/was-ist-seo/> (keine Datumsangabe) [Zugriff 2019-02-09]

Internet Live Stats (Websites, 2019): Total number of websites, <http://www.internetlivestats.com/total-number-of-websites/> (keine Datumsangabe) [Zugriff 2019-02-14]

Lindner, Oliver.(Meta Tags, 2019): Was sind Meta Tags?, <https://www.seo-kueche.de/lexikon/meta-tags/> (keine Datumsangabe) [Zugriff 2019-02-26]

Mattscheck, Markus (Off-Page-Optimierung, 2019): Definition Off-Page-Optimierung, <https://www.onlinemarketing-praxis.de/glossar/off-page-optimierung> (keine Datumsangabe) [Zugriff 2019-02-12]

Müller, Marco (SEO, 2015): SEO Tipp: Überschriften H1, H2 und H3 richtig einsetzen, <https://www.webongo.de/ueberschriften-h1-h2-h3-headings/> (2015-04-25)[Zugriff 2019-02-27]

Onlinemarketing (SEO, 2019): Suchmaschinenoptimierung/SEO, < https://onlinemarketing.de/lexikon/definition-suchmaschinenoptimierung-seo> (keine Datumsangabe) [Zugriff 2019-02-28]

Presser, Mirko (Suchmaschine, 2019): Culture Awards Winners,
<https://awards.ngi.eu/winners-culture-awards/> (keine Datumsangabe) [Zugriff
2019-02-27]

Priebe, Anton (Suchmaschine, 2016): Mindestens 64.000 Anfragen pro Sekunde:
Googles Suchvolumen geht jetzt offiziell in die Billionen,
<https://onlinemarketing.de/news/google-offiziell-suchanfragen-billionen> (2016-
05-25) [Zugriff 2019-02-14]

Ryte (Ryte, 2019): Vereinfache dein digitales Marketing, <https://de.ryte.com/> (keine
Datumsangabe) [Zugriff 2019-02-17]

— (Social Signals, 2019), Social Signals, <https://de.ryte.com/wiki/Social_Signals>
(keine Datumsangabe) [Zugriff 2019-02-27]

Seoquake (SEO, 2019): A Powerful SEO Toolbox for your Browser,
<https://www.seoquake.com/index.html> (keine Datumsangabe) [Zugriff 2019-
02-28]

Simon, Fabian (Marketing, 2019): Marketingziele, < https://www.rechnungswesen-
verstehen.de/bwl-vwl/marketing/marketingziele.php> (keine Datumsangabe)
[Zugriff 2019-02-27]

Sistrix (SEO, 2019): Die 8 häufigsten SEO-Anfängerfehler, <https://www.sistrix.de/die-
8-haeufigsten-seo-anfaengerfehler/> (keine Datumsangabe) [Zugriff 2019-02-18]

— (SEO, 2019): 4xx Client Error (404-Fehlerseite), <https://www.sistrix.de/frag-
sistrix/onpage-optimierung/http-statuscode/404-fehlerseiten/> (keine
Datumsangabe) [Zugriff 2019-02-27]

Statista (Statistik, 2019): Marktanteile der Suchmaschinen weltweit nach mobiler und
stationärer Nutzung im Januar 2019,
<https://de.statista.com/statistik/daten/studie/222849/umfrage/marktanteile-der-
suchmaschinen-weltweit/> (keine Datumsangabe) [Zugriff 2019-02-17]

Stern (Google, 2004): Googeln im neuen Duden,
<https://www.stern.de/digital/computer/edv-begriffe-googeln-im-neuen-duden-
3076450.html> (2004-09-02) [Zugriff 2019-02-24]

Tesche, Yannick.(Marktforschung, 2018): Digitale Nutzung in Deutschland 2018,
<https://www.bvdw.org/fileadmin/user_upload/BVDW_Marktforschung_Digitale
_Nutzung_in_Deutschland_2018.pdf> (2018-02-02) [Zugriff 2019-02-19]

Trehan, Rajat (Ladegeschwindigkeit, 2018): Mobile Speed: Diese 6 deutschen
Webseiten übertreffen die Nutzererwartung von 3 Sekunden Ladezeit,
<https://www.thinkwithgoogle.com/intl/de-de/marketingressourcen/daten-und-
erfolgsmessung/mobile-speed-diese-6-deutschen-webseiten-uebertreffen-die-
nutzererwartung-von-3-sekunden-ladezeit/> (2018-12) [Zugriff 2019-02-18]

Vollmert, Christian (Suchmaschine, 2017): Suchmaschinenmarktanteile weltweit 2017,
<https://www.luna-park.de/blog/9907-suchmaschinen-marktanteile-weltweit-
2014/> (2017-12-11) [Zugriff 2019-02-16]